Tc 52/30

ALTÉRATIONS

ET

FALSIFICATIONS DES FARINES

par

Le Docteur L. GARREAU,

Professeur de Toxicologie et de Pharmacie, à l'école de médecine de Lille.

LILLE,

IMPRIMERIE DE LEFEBVRE-DUCROCQ,

Place du Théâtre, 36.

1855.

ALTÉRATIONS ET FALSIFICATIONS

des

Blés et des farines; moyens de les reconnaître,

Par M. GARREAU.

Si la noble émulation avec laquelle les agriculteurs concourent à l'amélioration, au perfectionnement de leurs produits, était imitée par tous ceux qui les acquièrent pour leur faire subir les transformations diverses que réclame leur emploi, on aurait à se dispenser de parler des moyens propres à reconnaître les fraudes et les altérations nombreuses que la principale denrée agricole, le blé, subit par l'appât du lucre et, parfois, par l'incurie des spéculateurs et des débitants qui commercent sur ses produits.

Malheureusement, il en est du blé comme de tous les produits que les industriels honnêtes versent loyalement dans le commerce, plus il a franchi d'étapes sur la route des échanges et des transformations, plus il faut s'attendre à le voir altéré ou falsifié dans ses produits; et cependant, doit-on rappeler que celui qui les consomme en plus grande proportion, parce qu'il ne lui est pas donné de pouvoir en atteindre d'autres sur lesquels la fraude est moins puissante, a besoin de réparer des forces chaque jour données au travail?

Présenter quelques règles pour faciliter les recherches propres à faire reconnaître les altérations et falsifications dont les farines et le pain sont si souvent l'objet, serait sans contredit le moyen le plus logique d'atteindre sûrement la fraude, et par suite, de la faire diminuer; car, il faut bien le dire, si des procédés plus ou moins efficaces permettent aujourd'hui aux analystes d'arriver quelquefois à la détermination de telle ou telle sophistication soupçonnée, le fil manque pour conduire méthodiquement à reconnaître les altérations et les falsifications quelconques. D'ailleurs, tous les experts que l'autorité judiciaire ou les commerçants ont besoin de requérir, ne sont pas toujours fixés sur la valeur des moyens à employer, et il arrive assez souvent que la fraude, l'avarie ou la qualité échappent ; ou bien, ce qui est pis, qu'on les met là où elles n'existent pas.

Bien que ces considérations suffisent déjà pour justifier l'utilité d'une méthode régulière d'investigation dans les expertises que l'on confie au chimiste ou au pharmacien, on peut ajouter qu'il en est d'autres qui la commandent : ce sont, d'une part, l'exiguité des quantités de pain ou farine suspectes souvent remises à l'expert ; et, de l'autre, la conscience d'avoir tout fait pour ne rien laisser échapper, et porter un jugement ferme et éclairé.

L'emploi d'un procédé douteux, une observation mal faite, mènent à des conclusions terribles, et nos propres contre-expertises nous ont révélé plus d'une fois la légèreté ou le mauvais choix des moyens apportés dans les recherches.

Appelé à faire partie des commissions des substances pour le département de la guerre, fréquemment consulté par le commerce de Lille, et requis par les autorités judiciaires, si je dépose ici le fruit de mes propres observations, c'est avec la ferme conviction de rendre plus facile la tâche délicate de l'expert, à l'aide de moyens d'investigations dont la valeur soumise à un contrôle sévère a déjà rendu, et est appelée à rendre encore quelques services.

Mais pour se livrer avec fruit aux recherches des altérations, des falsifications et des qualités diverses que les farines et le pain peuvent présenter, il faut que l'expert joigne à des connaissances de chimie pratique suffisamment étendues, celles à l'aide desquelles il lui est donné de reconnaître la texture intime des éléments du blé et des substances organiques diverses sur lesquelles la fraude s'appuie, connaissances qui supposent l'habitude du microscope et celle des dissections au foyer même des lentilles.

ORGANISATION ÉLÉMENTAIRE DU BLÉ.

Le cariopse du froment est, comme l'indique son nom, un fruit sec indéhiscent, dont le péricarpe adhère intimement à l'épisperme de la graine; aussi, pendant la mouture, ce péricarpe qui constitue le son, se sépare-t-il du périsperme qui constitue la fleur, en entraînant le plus ordinairement avec lui l'épisperme ou épiderme de la semence. Mais suivant que le grain est plus ou moins humide, les diverses couches celluleuses qui constituent le son, se délitent plus ou moins en membranes distinctes, et alors chacune de ces couches examinée au microscope, présente une texture particulière qu'il est important de bien connaître si l'on veut, d'une part, pouvoir apprécier tous les éléments organiques anormaux qu'une farine falsifiée peut contenir; et de l'autre, ne pas s'exposer à mettre sur le compte de la fraude, ce qui appartient au blé lui-même. La disjonction des couches celluleuses du son, alors qu'elle a lieu, se fait en trois lames d'une texture déterminée et toujours la même.

La plus extérieure se compose à la face externe 1.° de la cuticule, membrane mince, pellucide, très-flexueuse, sans texture; elle recouvre deux couches celluleuses, dont la plus externe est composée de cellules elliptiques, sinueuses sur leurs bords de $1/_{50}$ de mm. de diamètre latéral et d'une longueur variable, mais qui va en décroissant à mesure qu'on les observe plus près de la base ou du sommet organique du péricarpe; la couche la plus interne est composée de cellules de même diamètre que les précédentes, mais non sinueuses sur leurs bords. C'est à la couche la plus extérieure du son, et plus spécialement dans cette partie qui correspond au sommet organique du péricarpe, que l'on observe ces poils nombreux linéaires, unicellulés, à canal étroit, qui fournissent l'un des caractères auxiliaires propres à constater la présence des remoulages dans le pain de 2.me qualité, et dans les farines qui servent à le préparer.

La deuxième couche qui correspond à l'endocarpe, se compose également de cellules linéaires sinueuses sur leurs bords, mais au lieu d'être alternes, toutes sont situées parallèlement les unes aux autres, et dans leurs rapports, elles croisent à angle droit les cellules du mésocarpe, dont elles entraînent parfois une faible lame. Cette couche qui, comme la première, porte une cuticule fortement adhérente, entraîne aussi fréquemment avec elle une troisième lame à cellules aréolaires qui correspond à l'épisperme. Cependant, il arrive presque constamment que cette lame se sépare, alors que le blé a été humecté, ou que le son est soumis au remoulage.

Cette membrane mérite de fixer notre attention, car c'est dans l'intérieur des cellules qui la composent, que se trouve la majeure partie du gluten et toute la matière sucrée que l'on a constatée dans le son; matière sucrée qui donne aux farines contenant des remoulages leur saveur douceâtre, qui constitue l'un des caractères propres à servir d'appoint dans leur détermination. Cette membrane se présente sous forme de plaques composées de cellules discoïdes de 1/15 dcmm, contenant des granules azotés nombreux jaunissant sous l'action de l'iodure de potassium ioduré, et susceptibles de s'agglomérer en gouttelettes sphériques plus volumineuses au contact d'une solution faible de potasse caustique. Ces cellules ressemblent assez, alors qu'elles sont déchirées par la meule, au tissu aréolaire des graines des légumineuses; mais on les en distinguera 1.º par leurs dimensions plus réduites, leur régularité plus grande; 2.º par leur contenu qui n'est jamais féculent. Mais comme le tissu aréolaire des légumineuses est le seul caractère qui permette de prononcer sûrement si un pain a été confectionné avec de la farine, contenant des fécules des graines des plantes de cette famille, les dimensions plus grandes et l'irrégularité des mailles de ce tissu, restent seules avec une valeur réelle, puisque la dissolution des parties féculentes et glutineuses que, comme nous le verrons bientôt, l'on est obligé d'opérer pour rechercher ce tissu, entraîne celle des granules azotés des cellules discoïdes de l'épisperme.

Le périsperme qui, comme nous l'avons dit, constitue la fleur, soumis à l'examen microscopique, se compose 1.° de granules azotés qui s'agglomèrent immédiatement au contact de l'eau, et qui, par cette raison, donnent naissance à un magma qui trouble l'observation et nuit beaucoup aux détails des recherches que l'on veut faire sur la partie amylacée, aussi est-il convenable de séparer les granules d'amidon en faisant l'extraction préalable du gluten. Toutes les farines naturelles ne donnent cependant pas des granules azotés, susceptibles de s'agglomérer en masses glutineuses, et il nous est arrivé souvent d'en rencontrer, provenant de blés tendres exotiques d'Egypte, d'Algérie et d'Odessa, dont la matière azotée se présentait sous forme de granules de $1/300$ à $1/200$ de mm. de diamètre, en tout semblables à la légumine, et incapables d'adhérer entre eux au contact de l'eau. Les farines qui présentent un tel gluten sont sèches au toucher, donnent une pâte inextensible, sont d'un travail long difficile, et donnent un pain rude au palais et à l'arrière bouche.

Il suit de là qu'une farine qui ne donnerait pas de gluten à l'extraction, ne pourrait être réputée falsifiée ou avariée, si ce caractère existait seul. L'amidon se présente sous forme de disques lenticulaires, faiblement onduleux sur leur faces; ces disques, dont le diamètre varie, ne dépassent pas $1/23$ de millimètre; ils ne montrent ni lignes, ni ponctuations, mais il arrive fréquemment qu'ils paraissent elliptiques et comme marqués d'un sillon longitudinal; cette apparence résulte de leur position sur champ qui, les montrant sous leur petit diamètre, leur donne l'aspect d'une ellipse et à leurs ondulations l'apparence de lignes mal définies; mais il suffit de faire mouvoir légèrement les verres entre lesquels on les observe pour les changer de position, les faire tomber à plat, et prendre une idée nette de leur forme définitive.

Ces précautions ne sont pas inutiles, car l'aspect qui vient d'être signalé, est précisément celui que la fécule des légumineuses présente d'une manière permanente : l'on comprend, dès lors, l'importance qu'il y a à le bien définir.

Le germe ou embryon du blé que l'on retrouve dans la farine en proportions variables suivant le titre de bluttage se présente sous la forme d'un petit cylindre conoïde composé de cellules carrées ou linéaires, suivant qu'il est demeuré stationnaire ou qu'il a subi un mouvement germinatif.

Les caractères optiques des éléments organiques du blé ou d'une farine pure, étant bien connus de l'expert, il lui deviendra facile de faire la part des substances organiques étrangères, et de les déterminer en suivant les règles que nous nous proposons de tracer.

La composition chimique du blé n'est pas moins importante à connaître que les caractères optiques de ses éléments organiques, et cette composition, quoique susceptible de varier dans les quantités respectives des principes constituants, présente des écarts assez faibles et qui oscillent, en général, entre les moyennes suivantes :

ÉLEMENTS CHIMIQ.^{ts} de la farine brute.	QUANTITÉS p. %	
Eau.	15 à 16	
Matières grasses.	01,5 à 02	Quelques échantillons de blé dur de Salonique contiennent jusqu'à 17 p. % de gluten.
Gluten.	10 à 12	
Albumine.	01 à 02	
Dextrine et sucre.	06 à 08	
Amidon.	56 à 64	
Cellulose.	02 à 02.5	
Sels.	01,3 à 01,5	Solubles : Potasse 16,00 ; Phosph. de pot. 36,00 ; Chlorure de pot. 00,16 ; Sulfate de potass. 00,02. Insolubles : Phosph^e de chaux 47,00 ; Silice 00,55 ; Oxides 00,27.

ÉLÉMENTS CHIMIQUES. du son.	QUANTITÉS p. %.	OBSERVATIONS.
Amidon dextrine-sucre..	50 à 52	Outre le sucre de canne, le son contient une matière sucrée, analogue au sucre de réglisse. Ces sels sont de même nature et dans les mêmes rapports que ceux de la farine.
Gluten..........	14 à 15	
Matières grasses	03 à 04	
Cellulose........	08 à 10	
Sels...........	05,2 à 05,7	
Eau...........	14 à 15	
Matières volatiles	01 à 01,5	

Ces exemples nous montrent que le son renferme 6 à 7 fois plus de matières minérales que la farine brute, et cette dernière, une quantité à peu près double de la farine blutée qui séchée à 1,002 n'en contient que 0,75 à 0,82 p. %.

Dans la composition chimique des farines, trois éléments doivent plus particulièrement fixer l'attention de l'expert ; ce sont 1.º leur degré d'hydratation, sur lequel on s'appuie pour déterminer leur hydratation artificielle pratiquée dans un but de fraude ; 2.º la quantité de cendres qui sert de terme de comparaison pour évaluer les quantités de matières minérales qu'on leur ajoute, ou celles qui proviennent d'un blé mal nettoyé ; 3.º la quantité, et surtout la qualité du gluten, dont l'altération facile devient la source de nombreux mécomptes dans la manutention, le rendement et la qualité du pain.

1.º DES FARINES ALTÉRÉES.

Les farines qui sont livrées au commerce peuvent présenter des altérations diverses provenant, tantôt de celles que les blés qui ont servi à les préparer ont subies, tantôt, des conditions défavorables apportées dans leur conservation.

Les premières peuvent provenir :
1.º De blés récoltés avant maturité ;
2.º De blés germés ;

3.º De blés attaqués des charançons ;

4.º De blés moisis dans les silos, les bâtiments, les magasins humides ;

5.º De blés submergés ;

6.º De blés soumis à la mouture sans nettoyage préalable ;

7.º De l'échauffement sous les meules.

Les secondes proviennent des altérations survenues pendant la conservation ; elles peuvent être :

1.º Echauffées acides ;

2.º Echauffées et ammoniacales ;

3.º Echauffées et envahies par les sarcoptes ;

4. Echauffées et envahies par des cryptogames diverses.

1.º Les farines qui proviennent de blés récoltés avant maturité sont légères, grisâtres, d'une saveur sucrée ; leur pâte est molle, courte, sans tenacité ; leur gluten blanc grisâtre, peu abondant, noircit pendant la dessiccation ; elles contiennent une plus forte proportion de cendres et s'échauffent rapidement ;

2.º Les farines qui proviennent de blés germés présentent les mêmes caractères que les précédentes ; ils sont plus ou moins marqués suivant le degré de l'évolution germinative du jeune embryon, et la saveur sucrée est d'autant plus marquée que ce dernier est plus développé. On parvient à déterminer le degré d'accroissement de l'embryon en soumettant dix grammes de farine suspecte à l'action prolongée durant vingt-quatre heures d'une solution d'hydrate potassique à $1/_{50}$ dans le but de dissoudre le gluten et l'amidon, et quand la solution est complète, ajouter au mélange 500 grammes d'eau à 50º et abandonner au repos, afin de laisser les débris de l'embryon se déposer, puis on les recueille pour les examiner au microscope ; les cellules dont ils se composent se montrent alors d'autant plus allongées que le mouvement germinatif a été plus prononcé. Dix grammes de farines devraient donner 240 germes ou environ, cependant on ne retrouve les débris que de quelques-uns dans les farines blutées, cela tient à ce qu'ils sont, pour la plupart, entraînés avec le son. Les farines de blés germés s'échauffent rapidement, leur matière sucrée se transforme en acides acétique et lactique et ne tardent pas, si la température est favorable, à être envahies par les mycéliums de torulacées, de botrydées, de mucorées diverses que l'habitude du microscope et la connaissance exacte de ces petits êtres permettent seuls de déterminer avec quelque certitude.

3.º Les farines qui proviennent de la mouture de blés charançonnés sont piquetées de taches grises et brunes provenant des débris du squelette corné de ces coléoptères et, le microscope permet d'y constater en outre, des débris membraneux blanchâtres provenant de l'enveloppe de leurs larves, avec des filaments de $1/500$ millimètres de diamètre qui sont ceux qui forment le glacé qui recouvre les blés envahis par ces insectes;

4.º Les farines qui proviennent des blés submergés outre leur aspect terne et leur saveur manifestement salée, donneront, alors qu'elles auront été lessivées à l'eau distillée, un liquide qui précipite abondamment par l'azotate d'argent en caillebots blancs noircissant à la lumière, insolubles dans l'acide azotique en excès, solubles dans l'ammoniaque liquide.

Les farines qui proviennent de blés mal nettoyés peuvent contenir accidentellement des fécules de nielle, de mélampyre, d'ivraie, de grande vrillée bâtarde, etc. Mais dans le Nord, où la culture est si soignée, il n'arrive jamais que les trois premières de ces plantes se multiplient dans les blés en assez grande proportion pour qu'on ait à redouter leur présence dans les farines. La grande vrillée, cependant, se développe assez abondamment malgré les soins du cultivateur, mais les achaines qu'elle laisse mélangés au grain n'ont rien de nuisible, et le seul inconvénient à signaler à leur sujet résulte de la possibilité de prendre une farine qui contient leur fécule pour un mélange frauduleux de farine de sarrasin avec celle de froment.

La farine qui contient des achaines de grande vrillée bâtarde présente une teinte bistre plus ou moins prononcée comme celle qui contient du sarrasin; elle est rude au toucher et d'une saveur légèrement amère. Vue au microscope, elle offre des fragments translucides, anguleux, très-durs qui, broyés sous les verres, se délitent en granules polyédriques nombreux de $1/250$ à $1/150$ de millimètre de diamètre, tandis que les mêmes fragments pris dans le sarrasin offrent des granules d'un diamètre double.

L'altération la plus commune qui résulte de la mouture du blé mal nettoyé consiste dans la présence de matières minérales terreuses et arénacées; ces farines croquent sous les dents et leur incinération donne un résidu de cendres qui exprime, après réduction des sels normaux, la quantité de matières terreuses étrangères;

6.º Les farines qui proviennent de blés moisis, outre l'odeur particulière qu'elles exhalent alors qu'on les humecte avec de l'eau à 50º, odeur qui rappelle celle des moisissures qu'elles contiennent, sont privées d'éclat, avec une teinte grisâtre; leur saveur est âcre, privée d'amertume et tient avec persistance à l'arrière-bouche, le gluten et l'amidon dissous par une dissolution de potasse faible et le résidu séparé par repos et décantation, présente des débris de miceliums, quelquefois des spores et des débris de l'embryon ayant une teinte roussâtre entre les cellules desquels sont entremêlés des miceliums nombreux.

Il est heureux que de telles altérations soient assez rares, car de toutes celles que les farines subissent, c'est, sans contredit, l'une des plus nuisibles. Des symptômes d'empoisonnement tels que sécheresse et sentiment d'âcreté à la gorge, nausées, vomissements, diarrhée, coliques, faiblesses, sont la suite de l'ingestion du pain provenant de blés moisis.

7.º Les farines échauffées sont ternes, grisâtres; leur saveur est souvent aigrelette; délayées dans le double de leur poids d'eau distillée, elles font virer au rouge le papier bleu de tournesol; tamisées, elles laissent sur la toile des portions conglomérées en fragments irréguliers et sont, comme celles qui précèdent, fréquemment envahies par des moisissures; mais elles s'en distinguent : 1.° par leur acidité; 2.° par les débris des germes qui ne présentent rien d'anormal ; 3.° par les grumeaux dont elles sont parsemées ; leur gluten est à peine cohérent et d'une teinte plombée. Ces farines conservées dans des magasins mal abrités des vents chauds et humides, s'altèrent plus profondément encore dans leur gluten et laissent dégager, sous l'action d'une solution de potasse caustique concentrée, des vapeurs ammoniacales reconnaissables à l'odorat et mieux encore à l'aide d'une tige de verre imprégnée d'acide acétique que l'on promène au-dessus du mélange et qui provoque à l'instant la formation de vapeurs blanches facilement saisissables. C'est dans des conditions analogues que les farines sont envahies par les acarus, et, alors, outre les caractères d'acidité, la farine est légère, cotonneuse au toucher et comme feutrée ; tassée entre deux feuilles de papier pour en lisser la surface, elle ne tarde pas à se feutrer de nouveau et, avec un peu d'attention, on peut, à l'œil nu, discerner que ce changement est dû au fourmillement des acarus qui se dégagent de l'étreinte où la compression les avait mis. La farine examinée au microscope montre de nombreux filaments d'une très-grande ténuité, semblables à ceux d'une toile d'araignée et des cocons formés de ces mêmes filaments dans lesquels sont agglomérés de petits œufs de $1/_{200}$ de millimètre de diamètre. On y remarque aussi des acarus vivants et souvent les débris de ces êtres provenant de générations éteintes. Le gluten est diminué de quantité, mou, grisâtre, facile à désunir ; la pâte est d'un blanc grisâtre, courte et peu tenace.

Les farines échauffées sous la meule, présentent l'aspect extérieur des bonnes farines, seulement elles sont plus fines, plus douces au toucher, plus faciles à tasser ; leur odeur rappelle celle de la pierre à fusil que l'on frotte sur un corps dur ; leur pâte est souvent assez longue, mais peu tenace, et une fois levée ne tient pas ferme et s'étale considérablement au four, et le pain gagne en croûte; le gluten est mou, très-extensible mais peu cohérent et brunit légèrement par la dessiccation. Cette altération du gluten sous les meules et qui devient plus préjudiciable au boulanger qu'au consommateur, est le résultat d'un travail trop précipité pendant lequel les produits de la mouture s'échauffent au-delà de 38°, terme qu'il ne faudrait jamais dépasser pour obtenir un produit irréprochable.

2.º DES FALSIFICATIONS DES FARINES

Presque toutes les falsifications dont les farines sont l'objet consistent dans leur mélange avec des farines de céréales d'un prix relativement peu élevé, telles que celles d'orge, de maïs, de seigle, d'avoine et, plus rarement de riz, ou avec des fécules diverses dont les principales sont celles des légumineuses, du sarrazin, de la pomme de terre. Plus rarement, la fraude recourt à l'emploi des tourteaux de betterave, de lin ou à celui de matières minérales, telles que les os, la craie, le sable, le plâtre, la terre de pipe, l'alun, le carbonate de soude, etc.

1.º *Fécule de pomme de terre.*

Les moyens indiqués pour reconnaître la présence de la fécule dans les farines sont très-nombreux et, pour la plupart, insuffisants. L'un de ceux que l'on vante encore aujourd'hui comme propre à reconnaître cette fraude, et qui est dû à M. Boland, consiste à triturer dans un mortier de biscuit, la farine suspecte, la fécule plus volumineuse que l'amidon du blé se déchire la première, et le produit lessivé et filtré donne un liquide qui bleuit par la solution d'iode. Ce moyen est très-propre à induire en erreur, car il arrive fréquemment que l'amidon s'écrase sous la meule dans les moutures fines et communique à l'eau qui a lessivé la farine la propriété de bleuir par l'iode, de même qu'une farine falsifiée avec les fécules des légumineuses, donne de semblables résultats, alors qu'on la triture dans un mortier, même très-légèrement; les granules amylacés des graines de ces plantes étant plus volumineux que l'amidon du blé et plus faciles à broyer que ceux de la fécule de pomme de terre. Le procédé de M. Payen, qui consiste à traiter la farine suspecte par une solution de potasse caustique à $1/85$ est bon à suivre pourvu que l'on ait à sa disposition une bonne loupe ou un doublet, il suffit, après avoir étendu sur une plaque de verre une quantité très-minime de farine, de l'humecter avec la solution potassique, et, après quelques instants de contact, d'ajouter au mélange une goutte d'une solution faible d'iodure ioduré de potassium pour qu'il soit facile de reconnaître à la loupe les granules de fécule fortement gonflés, déformés et bleuis, tandis que ceux d'amidon conservent leur volume. Cependant, il est de remarque que la fécule des légumineuses se comporte à peu près de même et que, pour éviter toute erreur, il est plus convenable de recourir à l'examen microscopique de la farine suspecte privée de son gluten. La fécule de pomme de terre a une forme et surtout une texture si spéciale, que ce caractère, joint à son volume, ne peut laisser place à l'erreur ; elle est formée de granules ovalaires ou obscurément triangulaires, présentant, pour la plupart, une petite cicatrice ou hile sur le côté duquel la matière amylacée s'est déposée en couches concentriques dont le pouvoir réfringent diffère dans chacune d'elles, ce qui permet de les distinguer facilement en employant un éclairage à rayons parallèles ; leur diamètre très-variable, mais qui atteint jusqu'à $1/7$ de mm. joint aux caractères qui viennent d'être exposés, ne permet pas non plus de les confondre avec d'autres fécules. Pour l'appréciation des quantités mélangées, voici le procédé dont je me sers et qui est applicable à tout autre mélange féculent dont les granules ont une forme bien déterminée et facilement saisissable avec le microscope. La farine suspecte est triturée dans un petit mortier de manière à rendre toutes les portions homogènes, puis de très-petites portions sont étalées sur le porte objet, humectées d'eau et recouvertes d'une glace à laquelle on imprime un mouvement de glissement latéral de manière à obtenir une couche dans laquelle les granules sont situés les uns à côté des autres et sans se recouvrir par leurs bords, ce qui gênerait la vision ; puis la préparation est amenée au foyer des lentilles, et l'on fait le compte approximatif de la fécule et des granules d'amidon en ayant égard au volume des uns et des autres, on répète cinq à six fois cette opération et l'on déduit une moyenne qui exprime aussi exactement que possible les rapports des parties mélangées. Avec un peu d'habitude, il est rare que l'on s'écarte d'un dixième ; les aveux de plus d'un délinquant m'ayant appris que ces appréciations étaient exactes.

2.° Fécules des légumineuses.

Le prix relativement peu élevé des féverolles, des fèves et des vesces, les propriétés qu'ont leurs farines de faciliter la levée de la pâte, le travail des petites farines et de celles dont le gluten a perdu ses qualités plastiques par l'échauffement ou la mouture, jointe à celle de permettre l'introduction d'une plus grande quantité d'eau dans le pain en lui donnant une croûte dorée plus engageante, sont fréquemment introduites dans les farines par la meunerie et la boulangerie. Cette fraude, même employée sur une faible échelle, présente de graves inconvénients; d'une part, parce qu'elle permet de déguiser temporairement les défauts des farines de qualité médiocre, et de l'autre, parce qu'elle ne tarde pas à contribuer à les altérer plus profondément en déterminant leur fermentation et provoquant la dissolution partielle ou totale de leur gluten, suivant les rapports du mélange, et son degré d'ancienneté; altérations qui obligent quelquefois de les bannir de la classe des substances alimentaires et peuvent amener la ruine de celui qui les avait acquises, les croyant exemptes de mélanges et propres à une bonne conservation. La chimie indique de nombreux moyens pour reconnaître ce genre de fraude ; mais les erreurs fatales commises par les experts qui les ont exclusivement employés, prouvent mieux que je ne saurais le faire, leur insuffisance, et si je rappelle ici quelques-uns de ces procédés considérés comme les meilleurs, ce n'est qu'à titre de moyens auxiliaires. MM. Galvani, Robine, Martens, Cavalié, Lecanu, Rodriguez, Donny, Lassaigne, Depaire, Loyet, Frésénius, ont traité ce sujet ; les uns en s'appuyant sur les caractères propres de la légumine, sur ceux fournis par le gluten du mélange frauduleux ; les autres, en s'appuyant sur la quantité, la nature des cendres ou sur l'examen microscopique.

Ainsi, M. Martens propose de traiter la farine par le double de son poids d'eau distillée, de laisser macérer deux heures en agitant de temps en temps, puis de filtrer; le liquide, au cas où la farine contient celle des légumineuses, louchit par l'addition d'acide acétique ou phosphorique trihydraté. Mais ce caractère, qui est à peine marqué quand la fraude a eu lieu dans de faibles proportions, ce qui est le cas le plus ordinaire, appartient aussi aux farines de sarrasin, de maïs, de vrillée, et, à la plupart des farines de blés tendres d'Egypte et d'Odessa et ne peut, en conséquence, être tout au plus employé que comme caractère auxiliaire. La même objection devient applicable au procédé de M. Leménant des Chénais qui ne diffère du précédent que parce qu'il isole complètement la légumine dont le poids sert à déduire la quantité de farine des légumineuses ajoutée à celle du blé.

Le procédé de M. Donny, considéré comme spécialement applicable à la recherche des farines de fèves, de féverolles et de vesces et qui consiste à exposer successivement le mélange sophistiqué à l'action des vapeurs d'acides nitrique et d'ammoniaque, quoique pouvant mettre sur la voie de la fraude, n'est pas plus décisif que ceux qui précèdent ; car bon nombre de farines pures de tout mélange nous ont donné, avec son procédé, la teinte pourpre indiquée comme propre à caractériser les farines des légumineuses dont il vient d'être question. Est-il besoin de rappeler à ce sujet, la malheureuse affaire où un expert fut obligé de reconnaître qu'il avait eu tort de se fier à un tel procédé. La légumine n'étant pas exclusivement propre aux légumineuses, il suit que tout procédé de recherches basé sur la présence de cette substance peut conduire à l'erreur et doit être abandonné. Il en est de même de ceux qui reposent sur les caractères que les farines des légumineuses communiquent au gluten de la farine de blé, avec laquelle elles sont mélangées, ces caractères n'étant assez tranchés qu'autant que le mélange frauduleux a lieu dans des proportions que la fraude n'atteint jamais. Les mêmes reproches peuvent s'appliquer au procédé de M. Loyet, qui consiste à doser les cendres qui sont en quantité double quand la farine sophistiquée contient $1/10$ de farine de légumineuses, car chacun sait que le blé plus ou moins nettoyé laisse dans les farines une proportion variable de cendres dont la nature dans les terrains gypseux participe des éléments de celle des légumineuses.

La seule méthode à suivre est celle qui repose sur les caractères chimiques, optiques et organoleptiques ; elle ne laisse aucune place à l'erreur si l'on suit la marche que nous allons indiquer et qui est, à quelques modifications près, celle qui a été tracée par M. Lecarnu.

La farine qui contient celle des légumineuses, même en petite proportion, présente une saveur analogue à celle des haricots crus; délayée dans un peu d'eau chaude, elle exhale l'odeur de ces graines, et sa pâte, si le mélange atteint 4 à 5 p. %, adhère facilement aux doigts. Cette pâte, humectée et malaxée, offre un aspect gras; elle est douce au toucher, glisse entre les mains comme la pâte du savon, et si le mélange frauduleux a eu lieu à une date déjà un peu ancienne, ou, si fait récemment, la proportion de farine des légumineuses dépasse 8 à 10 p. %, cette pâte se désagrège en grumeaux lisses qui s'échappent des doigts sans donner de gluten. Alors il convient de recourir à la malaxation dans un nouët de linge à tissu serré, et si le gluten s'échappe encore avec la fécule, on recueille toujours les particules de son mélangées au tissu réticulé propre aux légumineuses que l'on examine au microscope. Ce dernier tissu sera distingué des cellules discoïdes de la lame épidermique du blé qui se détache de la face interne du son par l'irrégularité et les dimensions plus grandes de ses cellules, ainsi que par la présence de quelques granules féculents caractéristiques que ces dernières retiennent ; les cellules épispermiques ne contenant que des granules azotés que la solution d'iode colore en jaune. Cette première épreuve faite, les eaux de lavage sont décantées et l'amidon recueilli est soumis par très-petites portions à l'examen microscopique et, montre des grains quelquefois irréguliers, mais pour la plupart elliptiques, marqués d'un sillon longitudinal simple ou rameux. Ces granules, plus volumineux que ceux d'amidon, supportant seuls le poids du verre supérieur, s'écrasent par une légère pression exercée sur celui-là, en se fendant dans la direction des lignes observées. S'agit-il d'apprécier le degré de la fraude ? Après avoir trituré la farine avec ménagement dans un mortier de porcelaine, afin de rendre le mélange aussi homogène que possible, on la place à plusieurs reprises et par petites portions sur le porte-objet avec une goutte d'eau, et on imprime un mouvement de glissement au verre supérieur, de manière à obtenir une couche où les granules ne se touchent pas par leurs bords, ce qui gênerait la vision, puis on amène au foyer des lentilles, et l'on fait le compte des granules, des légumineuses et de ceux d'amidon eu égard à leur volume. On recommence cinq à six fois l'opération, puis l'on déduit une moyenne que l'on augmente d'un cinquième pour faire la part du tissu réticulé, de l'excédent du poids de la légumine sur celui du gluten et des granules sur lesquels le sillon n'est pas apparent. Cette détermination faite, on pourra chercher à spécifier l'espèce de farine de légumineuse employée à la fraude en examinant, surtout, les caractères du gluten sec qui est : vert foncé, avec la farine de pois ; blond, avec celle des haricots ; jaune brun, avec celle des lentilles ; noirâtre, avec celle des vesces, rosé avec celles des féverolles et des fèves, et, en étudiant ensuite la texture des parcelles de l'épisperme que l'on pourra recueillir, et les comparant avec celui de la graine que l'on suppose avoir servi à la fraude.

MÉLANGE DE FARINES DE BLÉ ET DE MAÏS.

Le mélange de farine de maïs à celle de blé donne à cette dernière une teinte citrine faible, elle est rude au toucher, d'une saveur faiblement sucrée ; pétrie, elle fournit une pâte plus ou moins courte, laquelle, malaxée dans une nouët de toile à tissu serré, donne un gluten mêlé de son et de grains très-durs lesquels peuvent être séparés par le lavage de ce dernier dans une petite quantité d'eau, et se déposent au fond du vase employée au lavage. Ces fragments vus au microscope sont anguleux, demi-transparents, marqués de lignes mal définies et qui se coupent sous divers angles ; comprimés entre les verres, ils se divisent en granules polyédriques dont les plus volumineux présentent un diamètre de $1/45$ de millimètre. Le gluten est jaunâtre, très-foncé et ne s'étale pas sur la soucoupe. Une petite portion de farine suspecte traitée par l'acide azotique concentré de manière à former un mélange demi liquide, puis étendue d'eau, laisse déposer des particules rougeâtres, mélangées de parties féculentes indissoutes, lesquelles particules additionnées d'une solution de potasse caustique en excès, prennent une teinte cramoisie. Les parties féculentes indissoutes examinées au microscope se présentent sous la forme de polyèdres unis entre eux, semblables au tissu cellulaire régulier. Un autre caractère d'une grande valeur et facile à obtenir, consiste à traiter la farine par la méthode de déplacement et à essayer les premières portions de liquide filtré par une solution d'iodure de potassium ioduré qui les colore en bleu foncé. MM. Letulle et Lassaigne croyent s'être assurés qu'une solution de potasse à $1/14$ ajoutée à la farine qui contient du maïs lui communique une teinte jaune verdâtre caractéristique; mais ce moyen est loin d'avoir la valeur qu'on lui prête, car la farine de froment qui contient de la farine d'avoine et toutes celles qui contiennent des remoulages présentent la même réaction.

MÉLANGE DES FARINES DE BLÉ ET DE SARRASIN.

Le mélange de farine de blé et de sarrasin est d'un blanc terne pointillé de parcelles grises ou noirâtres, rude au toucher et d'une saveur très-légèrement âcre. Une telle farine amenée à l'état de pâte donne à la malaxation un gluten d'extraction facile d'un gris noirâtre qui noircit plus ou moins pendant la dessiccation. Cette même pâte, malaxée dans un nouët à tissu serré, donne avec le gluten des fragments roussâtres, rudes au toucher, qui, séparés par le lavage et la livigation, se présentent au microscope, sous l'aspect de fragments anguleux transparents, formés par la réunion de cellules polygonales, fortement pressées les unes contre les autres et emplies de granules féculents polygonaux de $1/100$ de millimètre de diamètre, fortement pressés et adhérents les uns aux autres ; la pression les délite facilement si elle est accompagnée d'un mouvement de glissement des verres l'un sur l'autre. La même farine traitée par une solution de potasse caustique concentré, puis délayée dans une grande quantité d'eau tiède, donne un dépôt de son mêlé de particules noirâtres et grises qui présentent les caractères optiques suivants : 1.º Les unes, celles qui résultent des débris du péricarpe, ne présentent d'abord qu'une masse d'une teinte fauve sans organisation appréciable, mais traitées par l'acide azotique concentré, elles se montrent composés de cellules linéaires, roussâtres, non sinueuses sur leurs bords et formant une couche épaisse ; 2.º les autres, qui résultent des débris de l'épisperme, sont formées à la partie externe de cellules tubulaires de $1/10$ de millimètre de longueur sur $1/20$ de millimètre de largeur et marquées de deux ou trois larges sinus sur leurs bords latéraux. Cet épisperme est très-transparant et par conséquent très-difficile à distinguer dans ses éléments.

MÉLANGE DE FARINES DE BLÉ ET DE RIZ

La farine de blé falsifiée avec celle de riz est blanche, douce ou rude au toucher, suivant son état de division; amenée à l'état de pâte, malaxée dans un nouët à tissu serré, elle donne un gluten qui, lavé à nu dans l'eau, abandonne des fragments transparents, lesquels, examinés au microscope, se montrent marqués de lignes obscures circonscrivant de larges cellules dans lesquelles on voit entassées des granules amylacés, fortement comprimés et polyédriques. Ces fragments, comprimés entre les verres, se dilitent partiellement et avec difficulté en granules anguleux d'une dimension moyenne de $1/100$ à $1/60$ de millimètre de diamètre.

MÉLANGE DE TOURTEAU DE LIN ET DE FARINE DE SEIGLE.

La farine de froment n'a pas été falsifiée avec le tourteau de lin, mais celle du seigle nous a présenté deux fois cette falsication. La farine ainsi frelatée est d'un gris terne; elle présente un aspect gras et répand alors qu'on l'humecte d'eau tiède, une odeur d'huile rance très-prononcée. Soumise à l'action de la diastase, et le résidu insoluble repris par l'acide acétique, elle donne un dépôt de particules roussâtres qui, placées sur le porte-objet du microscope, présentent, d'un côté, celui qui correspond à la partie externe de l'épisperme, des cellules discoïdes d'une teinte jaune, et de l'autre, celui qui correspond à sa face interne, des cellules linéaires de $1/100$ de millimètre de diamètre, à parois épaisses et très-serrées les uns contre les autres. Le procédé de M. Donny, quoique moins complet que le nôtre, peut être également employé. Il consiste à délayer la farine dans une solution de potasse à $1/7$, et à l'examiner à un faible grossissement qui y fait découvrir de petits fragments carrés, rougeâtres, provenant des débris de l'épisperme de la graine de lin.

MÉLANGE DE FARINE DE BLÉ ET D'AVOINE.

La farine de blé mélangée à celle d'avoine est d'un blanc grisâtre d'une saveur fade, avec un arrière-goût faiblement amer; sa pâte, qui est grisâtre, malaxée sous un filet d'eau, donne un gluten gris noirâtre ou d'une teinte plombée, suivant la proportion du mélange; ce gluten ne s'étale pas sur la soucoupe, noircit en se desséchant, et montre, à sa surface, un grand nombre de petits points provenant de l'épisperme du grain, épisperme qui est d'un blanc plus éclatant que celui du blé. La farine suspecte examinée au microscope, présente des granules arrondis ou ovalaires d'une teinte ambrée, plus volumineux que les granules d'amidon et comme fendillés en divers sens ; ces granules, comprimés sous les verres, se délitent en fragments irréguliers d'un diamètre moyen de $1/100$ de millimètre. La farine, agitée et comprimée sous les verres, montre un nombre d'autant plus considérable de ces fragments anguleux que la fraude a été faite en plus grande proportion. Cette même farine, dissoute par une dissolution de diastase brute, et le résidu repris par une solution de potasse caustique à $1/60$, donne un dépôt de particules dans lesquelles on découvre des paillettes dont la face interne est composée de cellules linéaires, fortement onduleuses sur leurs bords et, l'externe, de cellules linéaires non-ondulées.

MÉLANGE DE FARINE D'ORGE.

La farine de blé, mélangée de farine d'orge est blanche, sans saveur agréable, se pelote mal et exhale fréquemment l'odeur de moisi; elle donne une pâte qui fournit d'autant moins de gluten que la fraude a lieu dans une plus forte proportion, ce gluten est désagrégé vers la fin de son extraction, sec, non visqueux et paraît formé de fragments vermiculés intriqués les uns dans les autres, filaments qui ne s'effacent que par une malaxation prolongée. Ce gluten ne s'étale pas pendant la dessiccation. Une telle farine traitée par le diastase brute durant 5 à 6 heures, à une température de 60°, et le résidu repris par une solution de potasse à $1/80$ laisse un dépôt de petit son dans lequel on rencontre parfois des paillettes formées de cellules étroites, linéaires, très-épaisses et munis, souvent, sur leurs bords, de poils courts, robustes, hispides.

MÉLANGE DE FARINE DE BLÉ ET DE SEIGLE.

Le mélange de farine de blé et de seigle, donne une farine terne d'une saveur particulière qu'il suffit d'avoir aperçue une fois pour la reconnaître; sa pâte est visqueuse, adhère aux doigts et donne à la malaxation un gluten visqueux noirâtre, peu cohérent, qui se désagrège avec facilité et s'étale très-plat sur la soucoupe. La farine examinée au microscope présente des grains d'amidon fréquemment fendus en étoile et beaucoup plus nombreux que ceux que l'on trouve dans la farine pure de mélange. Ce caractère, est, comme on le voit, très-accessoire, mais ceux fournis par la teinte de la farine, la viscosité de la pâte, la saveur particulière, et l'aspect si caractéristique du gluten ne permettent pas de méconnaître la fraude.

MÉLANGE DE FARINE DE FROMENT ET DE REMOULAGES.

La farine de froment est très-fréquemment mélangée de gruaux bis et de recoupettes remoulus; cette falsification qui a pour effet d'appauvrir ses qualités nutritives, par cela que les portions ligneuses du blé que ces remoulages contiennent, quoique renfermant des matières assimilables, résistent beaucoup plus que la farine pure à l'action des organes digestifs, présente, en outre, le grave inconvénient de se farcir de moisissures invisibles à l'œil nu, de s'acidifier promptement et de se rancir dans la petite portion de matière grasse provenant du son, altérations qui ont produit chez les personnes qui se sont nourries de pains faits avec de telles farines, les mêmes accidents que ceux que l'on observe par l'usage des farines moisies.

Ce mélange présente une saveur sucrée s'il a été fait avec des remoulages frais, il est, au contraire, fortement acide et âcre, s'il a été préparé à l'aide de remoulages anciens. La nuance est terne, grisâtre, le toucher très-moelleux et l'aspect feutré. Délayé dans l'eau, la surface du liquide montre de très-fines pellicules grisâtres et le mélange additionné de potasse caustique prend une teinte jaunâtre ; pétri avec l'eau, il donne lieu à une pâte courte, adhérente aux doigts ; cette pâte donne, suivant les proportions du mélange, peu ou point de gluten. Une telle farine, vue au microscope, montre les diverses couches qui composent le son, désagrégées en fragments menus, parmi lesquels ceux de l'épisperme (à cellules polygonales granuleuses) dominent.

Les falsifications des farines par les substances minérales insolubles sont si faciles à dévoiler, qu'il est bien rare de les voir frelatées par ces substances ; d'ailleurs, l'expert est infailliblement amené à les découvrir par la calcination à blanc des échantillons suspects qu'il examine, calcination que, quoique longue, il ne peut se dispenser d'effectuer s'il veut, comme il le doit, se donner la satisfaction de n'avoir rien négligé qui puisse l'éclairer. Or, toutes les fois que le résidu exempt de matières charbonneuses dépassera 0,85 p. %, pour les farines blutées, et, 1,80 p. %, pour les farines brutes, on devra : 1° soupçonner des mélanges de remoulages, d'avoine, d'orge, de farines des légumineuses ; 2.° des substances minérales ajoutées ou laissées à dessein ou par négligence suivant l'excédant trouvé.

Dire, dans ces cas, comment on reconnaîtra le sable, l'argile, les carbonate, phosphate et sulfate de chaux introduits dans les farines dans le but d'en augmenter le poids, et, les carbonates de soude, de potasse, de magnésie, la chaux, ajoutés pour masquer leur acidité ou favoriser la levée de la pâte, serait ne rien ajouter à ce que tous les traités apprennent.

Telles sont les principales fraudes et altérations dont les farines sont l'objet et, les moyens les plus propres, à notre avis, d'arriver à leur constatation. Il nous reste à exposer sommairement la marche à suivre pour arriver méthodiquement à ce résultat, en prévenant, toutefois, que les caractères qui servent à cette détermination, sont loin d'avoir tous la même valeur et qu'ils sont plus ou moins tranchés suivant la proportion du mélange ou le degré d'altération et, qu'il faut toujours réunir une certaine somme de ceux du deuxième ordre pour avoir l'équivalent de ceux du premier degré les seuls qui, isolés, permettent de prononcer sûrement. Ces derniers caractères sont marqués d'une astérisque.

CARACTÈRES.	Altérations ou mélanges qu'ils caractérisent ou font supposer.
1.° Nuance et aspect.	
Grisâtre plus ou moins terne..........	Remoulages. Sarrasin. Avoine. Vesces. Seigle. Farines de blés submergés. Id. de blés non murs Id. id. germés. Id. moisies. Id. échauffées.
Piquetée de points noirs............	Nielle. Sarrasin. Vesces. Farine de blé charançonné.
Aspect feutré.................	Remoulages. Acarus. Moisissures.

CARACTÈRES.	Altérations ou mélanges qu'ils caractérisent ou font supposer.
Jaunâtre	Maïs. Fèves. Pois. Farines naturelles (quelques).

2.° Toucher.

Rude	Sarrasin. Riz. Maïs. Mouture grosse. Blés durs.
Moelleux	Remoulages. Acarus. Moisissures.

3.° Odeur.

De fèves ou de haricots frais.........	Farine des légumin^{ses}.
De pierre à fusil que l'on frotte sur un corps dur....................	Farines échauffées sous la meule.
De moisi	Farine envahie par les moisissures.
Ammoniacale ou sulfhydrique	Farines putréfiées.
De pâtisserie	Maïs.

4.° Saveur.

Sucrée.......................	Remoulages. Maïs. Farines de blés germés Id. id. non murs
De fèves ou de haricots frais.........	Farine des légumin^{ses}.
Salée.........................	Id. de blés submergés

CARACTÈRES.	Altérations ou mélanges qu'ils caractérisent ou font supposer.
Acide	Farines échauffées. Alun.
Acre	Remoulages anciens. Moisissures.
Acide et astringente...............	Alun.
Astringente et sucrée	Chaux.
Croquant sous les dents	Substances minérales dures.

5.° *Essai de la farine délayée dans le double de son poids d'eau distillée.*

Le mélange additionné d'une solution de potasse caustique au dixième se colore en jaune.................	Maïs. Remoulages. Avoine. Farine non blutée dont le son est divisé.
Le mélange additionné d'une solution de potasse caustique concentrée, se colore en jaune et dégage de l'ammoniaque.......................	Farines putréfiées.
Le mélange additionné d'acide faible, fait effervescence................	Carbonates.
La farine délayée dans l'acide azotique concentré en grand excès, puis étendue d'eau, laisse déposer des particules rougeâtres, grenues virant au pourpre par l'addition de potasse caustique en excès	Maïs.

6.° *Essai de l'eau de lixiviation obtenue aussi saturée que possible.*

Précipite en blanc, par l'iodure de potassium ioduré, louchit par l'acide acétique.......................	Farine des légumin^{ses}.
Fait virer rapidement au rouge, le papier de tournesol	Alun. Farines échauffées.

CARACTÈRES.	Altérations ou mélanges qu'ils caractérisent ou font supposer.
Bleuit fortement la solution d'iode...	Maïs.*
Fait virer au bleu le papier rouge de tournesol....................	Chaux. Carbonates alcalins.
Précipite le chlorure de barium en blanc, le précipité est insoluble dans l'acide azotique, --- précipité en blanc par l'ammoniaque; ce précipité se dissout dans la potasse caustique.........	Alun.*
Fait effervescence avec les acides....	Farines putréfiées. Carbonates solubles.
Précipite en blanc par l'azotate d'argent, le précipité qui résiste à l'acide azotique, se dissout dans l'ammoniaque......................	Farines de blé submergé.
La liqueur évaporée et le résidu calciné à blanc, repris par l'eau distillée en petite quantité, précipite en jaune serin, par le chlorure de platine....	Carbonate de potasse.*
Le même résidu soluble jaunit par le même réactif sans précipiter, et fait effervescence avec les acides......	Carbonate de soude.*
Précipite en blanc, par l'insufflation de l'air expiré	Chaux.*
Précipite en blanc par l'oxalate d'ammoniaque, le précipité calciné donne de la chaux......................	Chaux ou sel de cette base.

7.° *Examen à la loupe des particules séparées par tamisation.*

Son mêlé de particules étrangères, brunes ou noires..............	Sarrasin. Féverolles. Vesces. Farines de blés charançonnés. Nielle.

CARACTÈRES.	Altérations ou mélanges qu'ils caractérisent ou font supposer.
Son mêlé de flocons duveteux................	Toiles d'acarus. Glacés des blés.
Son mêlé de portions de farines conglomérées.....................	Farines échauffées. Farines mouillées.
Son mêlé de paillettes étroites rousses ou brunes.....................	Avoine. Orge.
Son mêlé de fragments durs, anguleux demi-transparents, s'écrasant bien sous les dents, et susceptibles d'augmenter la consistance d'une petite quantité d'eau dans laquelle on les fait bouillir......................	Gruaux des blés durs. Maïs. Riz. Sarrasin. Vrillée.

8.º *Examen microscopique de la farine tamisée et de l'amidon obtenu après l'extraction du gluten.*

Granules de forme lenticulaire atteignant jusqu'à $1/_{23}$ de mm. de diamètre (amidon)......................	Orge. Blé. Seigle.
Granules de forme lenticulaire marqués de lignes étoilées au centre........	Seigle.
Granules de fécule elliptiques ou ovalaires, rarement irréguliers avec un sillon longitudinal simple ou rameux, plus épais que ceux du blé, se fendant sous une faible pression dans la direction du hile.............	Farine des légumin^{ses}.
Granules elliptiques, avec apparence de sillon mal défini...............	Amidon du blé vu de champ.
Granules irréguliers, marqués de zônes d'accroissement déjetées d'un seul côté du hile, atteignant jusqu'à $1/_7$ de mm. de diamètre............	Fécule de pomme de terre.

CARACTÈRES.	Altérations ou mélanges qu'ils caractérisent ou font supposer.
Fragments anguleux, translucides formés par la réunion de cellules polygonales, contenant des granules amylacés très-pressés et polygonaux de $1/100$ de mm., se délitant sous la pression excercée sur les verres.......	Sarrasin.
Fragments anguleux, sans apparence de cellules, formés par la réunion de granules amylacés polyédriques, se délitant difficilement par la pression exercée sur les verres; quelques-uns de ces granules atteignent $1/40$ de mm. de diamètre..............	Maïs.
Fragments anguleux, transparents, marqués de lignes mal définies, circonscrivant de larges cellules irrégulières, lesquelles contiennent des granules amylacés, pressés les uns sur les autres de $1/100$ à $1/150$ de mm. de diamètre, anguleux, très-difficiles à déliter par la pression	Riz.
Fragments anguleux ou arrondis, croquant et rayant les verres sous le frottement de ceux-ci; ne donnent pas de bulles gazeuses dans l'eau acidulée du porte objet...........	Sable.
Fragments irréguliers donnant des bulles gazeuses dans l'eau acidulée du porte objet......................	Craie carbonate.
Filaments de $1/500$ de mm. de diamètre, semblables à ceux de la toile d'araignée..........c...............	Toile d'acarus. Glacé des charançons.
Conglomerat des mêmes filaments avec des granules arrondis de $1/300$ de mm. de diamètre.................	Œufs d'acarus.
Octopode munis de poils hispides ou ses débris................	Acarus.

CARACTÈRES.	Altérations ou mélanges qu'ils caractérisent ou font supposer.

9.º *Caractères de la pâte.*

Pâte courte, mais tenace............	Quelques farines de blés d'Egypte, d'Odessa, d'Algérie.
Pâte courte, grisâtre peu tenace......	Seigle. Remoulages. Avoine. Petites farines. Farines échauffées.
Pâte adhérente aux doigts..........	Seigle. Farine des légumin^{ses}. Remoulages. Tourteau de lin.
Pâte grasse, savonneuse, faisant mousser l'eau par son mélange avec ce liquide.	Farine des légumin^{ses}.
Pâte se désagrégeant sans donner du gluten pendant la malaxation, ou n'en fournissant que des parcelles désagrégées...................	Légumineuses en forte proportion. Petites farines. Remoulages. Quelques variétés de blés.

10.º *Caractères fournis par le gluten et son extraction.*

Farines ne donnant pas ou peu de gluten......................	Remoulages. Quelques blés tendres d'Odessa, d'Egypte, d'Algérie. Farine des légumineuses en forte proportion.
Gluten visqueux noirâtre, s'étalant très-peu sur la soucoupe.........	Seigle.

CARACTÈRES	Altérations ou mélanges qu'ils caractérisent ou font supposer.
Ne donnant que 24 à 25 p. % de gluten.	Farine de 3ᵉ qualité. Id. de blés germés Id. d'orge en forte proportion. Id. maïs, id. Id. d'avoine, id. Id. de sarrasin, id.
Gluten se divisant en petits grumeaux impossibles à réunir	Farines des légumineuses, le mélange étant déjà ancien.
Farine donnant 33 à 36 p. % de gluten blond plastique	Farine 1ʳᵉ qualité.
Gluten désagrégé, vermiculé en filaments tordus vers la fin de l'extraction; ne s'étale pas sur la soucoupe.	Orge en forte prop
Gluten d'une teinte verdâtre	Farine de pois.
Gluten blond-jaunâtre	Farine de haricots.
Gluten ne s'étalant pas sur la soucoupe.	Avoine. Maïs.
Gluten d'une teinte rosée	Féverolles. Fèves.
Gluten noircissant par la dessiccation.	Vesces. Avoine. Sarrasin. Echauffées.
Gluten jaune et ferme	Maïs.
Gluten humide, blanc grisâtre	Farines de blés germés Id. id. non murs Id. échauffées. Id. moisies.
Gluten à peine cohérent	Moisies. Echauffées. Envahie par les acarus

CARACTÈRES.	Altérations ou mélanges qu'ils caractérisent ou font supposer.
Gluten piqueté de points blancs nombreux..................	Avoine.
Gluten mou tremblottant, peu tenace..	Farine échauffée sous la meule.

11.° *Caractères optiques fournis par le résidu de l'action successive de la diastase brute et de l'acide acétique faible.*

Membrane formée de cellules de $1/_{20}$ de mm. de largeur, marquées sur leurs bords latéraux de deux ou trois grands sinus (épisperme).............	Sarrasin.
Paillettes composées de cellules étroites, linéaires à parois épaisses; ces paillettes présentent quelquefois des poils hispides sur leurs bords.........	Orge.
Membrane pellucide sans organisation apparente (cuticule)............	Blé.
Membrane jaunâtre, formée de cellules linéaires sinueuses sur leurs bords, de $1/_{60}$ de mm. de diamètre ou environ, doublée de cellules linéaires non sinueuses (épicarpe)............	Blé.
Poils linéaires, à canal étroit, libres ou fixés à la membrane précédente....	Blé, seigle, avoine, orge.
Membrane à cellules linéaires, sinueuses sur leurs bords, situées parallèlement les unes aux autres, et par groupes; ces cellules sont souvent croisées à angle droit par une couche de cellules linéaires non sinueuses (endocarpe).................	Blé, seigle, avoine, orge, maïs.
Membrane composée de cellules discoïdes ou légèrement polygonales, contenant des granules jaunissant par la solution d'iode (épisperme).....	Blé, seigle, avoine, orge, maïs.

CARACTÈRES.	Altérations ou mélanges qu'ils caractérisent ou font supposer.
Cylindre conoïde ou ses fragments formés de cellules carrées (germe ou ses débris).................	Blé, seigle, avoine, orge, maïs.
Cylindre ou ses fragments formés de cellules prismatiques.............	Blés germés.
Lambeaux de tissu cellulaire à mailles transparentes irrégulières, avec ou sans granules elliptiques..........	Farine des légumin.^{ses}
Filaments rameux, avec ou sans anastomoses formés de cellules irrégulières ou régulières transparentes...	Moisissures.
Pellicules rougeâtres, carrées formées d'un côté de cellules polygonales, d'une teinte fauve de $1/15$ de diamètre; et de l'autre, de cellules linéaires de $1/100$ de mm. à parois épaisses (épisperme)............	Tourteaux de lin.

En ajoutant à ces tables, encore bien incomplètes, les caractères fournis par le résidu salin de la calcination de 5 ou 10 grammes de farine, il deviendra aisé de se faire une méthode pour la recherche de toutes les falsifications ou altérations possibles des farines : méthode qui consistera à noter successivement les caractères anormaux plus ou moins marqués fournis par :

1.º La nuance et l'aspect ;
2.º Le toucher ;
3.º L'odeur ;
4.º La saveur ;
5.º L'essai chimique de la farine délayée dans le double de son poids d'eau distillée ;
6.º L'essai de l'eau de lixiviation obtenue aussi saturée que possible ;

7.º L'examen à la loupe des particules séparées par la tamisation ;

8.º L'examen microscopique de la farine tamisée et de l'amidon obtenu pendant l'extraction du gluten ;

9.º Les caractères physiques de la pâte ;

10.º Les caractères fournis par le gluten et son extraction ;

11.º Les caractères microscopiques fournis par le résidu de l'action successive de la diastase brute et de l'acide acétique purs ;

12.º Les caractères fournis par le résidu salin résultant de la calcination à blanc.

Supposons qu'en suivant cette marche, l'on ait noté avec plus ou moins de doutes, dans les opérations 1, 2, 7, 8, 10, 11 :

1.º Grisâtre, piquetée de points noirs ;

2.º Rude au toucher ;

7.º Particules noirâtres, — fragments anguleux comme cornés ;

8º Fragments anguleux, translucides, formés par la réunion de cellules polygonales contenant des granules pressés, polygonaux se délitant par la pression exercée sur les verres en petits granules anguleux ;

10.º Gluten noircissant pendant la dessiccation ;

14.º Membranes formées de cellules avec deux ou trois larges sinus sur leurs bords latéraux. On verra que tous ces caractères sont ceux de la farine de sarrasin ; caractères parmi lesquels il en est deux du premier ordre, dont l'un quelconque, s'il a été bien observé, suffirait pour prononcer.

S'il arrivait que les caractères notés eussent été inscrits avec quelques doutes, il serait indispensable de refaire la série des opérations propres à les mettre en évidence, en s'attachant, bien entendu, à la recherche plus spéciale de ceux du premier ordre.

Lille. imp. de Lefebvre-Ducrocq.

www.ingramcontent.com/pod-product-compliance
Lightning Source LLC
Chambersburg PA
CBHW060647050426
42451CB00010B/1227